Inhalt

Funktioniert Risikomanagement mit Kreditderivaten?

Kernthesen

Beitrag

Fallbeispiele

Weiterführende Literatur

Impressum

GENIOS WirtschaftsWissen Nr. 01/2005 vom 11.01.2005

Funktioniert Risikomanagement mit Kreditderivaten?

G.Dengl

Kernthesen

- Mit Kreditderivaten lässt sich das mit einem Kredit einhergehende Risiko komfortabel weitergeben.
- Aufgrund der Komplexität der Produkte und des notwendigen Know-hows gelingt es kaum, sie außerhalb des Kreditsektors zu platzieren. Dadurch bleiben die Risiken letztendlich innerhalb der Branche.
- Der Markt der Kreditderivate wird immer stärker von Hedge Funds durcheinander gewirbelt. Durch die gewagten Spekulationen wird der eigentliche Sinn -

die Risikodiversifikation - ins Gegenteil verkehrt.

Beitrag

Seit Anfang der Neunzigerjahre ist der Markt für Kreditderivate bereits stark gewachsen. Laut Umfragen der British Bankers Association hat er zwischen den Jahren 1999 und 2003 einen weiteren Sprung hingelegt, denn er ist in dieser Zeit um das sechsfache gestiegen. (1)

Erfolgsgeheimnis: Gezielte Risikosteuerung

Das Ziel des Derivatehandels ist allgemein Risikosteuerung durch Risikodiversifikation. Kreditderivate sind deshalb gut zur Risikosteuerung geeignet, weil sie es erlauben, für bestimmte Engagements, einerseits das Kreditrisiko abzugeben, andererseits aber bewusst das Währungs- oder Zinsrisiko zu behalten, um ggf. davon zu profitieren.

Dabei muss unterschieden werden, zwischen

1) Risiken, die aus dem Kreditnehmer erwachsen

Eine Bonitätsverschlechterung führt zu sinkenden Kursen bei einer Anleihe (idiosynkratisches Kreditrisiko, bonitätsbedingtes Kursrisiko, spread-widening risk). Im Extremfall besteht das Risiko des endgültigen oder zumindest teilweisen Ausfalls der Forderung (Adressenausfallrisiko, default risk).

und

2) Marktrisiken (vom Kreditnehmer unabhängige Risiken)
Auch ohne Bonitätsverschlechterung des Schuldners kann der Marktwert einer Forderung sinken. Das Risiko bei einer Forderung besteht aus einem risikolosen Basiszinssatz und einem von der Art des Geschäftes abhängigen idiosynkratischen Kreditrisikos. Beide Risiken sind auch marktabhängig. So kann sich beispielsweise der risikolose Zins verändern, weil die Zentralbank steuernd eingreift. Dies kann zu einem Kursverlust der Anleihe führen, obwohl sich die Bonität des Kreditnehmers überhaupt nicht verändert hat.
Auf der anderen Seite ist es möglich, dass sich in der Marktwahrnehmung bestimmte Risiken verschlechtern, z.B. die Investition in Immobilien. Dies hätte ebenfalls Kursverluste zur Folge, die unabhängig vom Kreditnehmer entstehen.
Diese beiden Risiken werden unter marktzinsbedingtem Risiko zusammengefasst.

Die Möglichkeit nicht nur Marktrisiken zu steuern, wie es bisher über Zinsderivate bereits möglich war, sondern auch die mit dem Kreditnehmer zusammenhängenden Risiken gezielt zu übernehmen oder weiterzugeben, bieten Kreditderivate.

Wichtigstes Kreditderivat: Credit Default Swap (CDS)

Der CDS ist das wichtigste und am meisten gehandelte Instrument in der Familie der Kreditderivate. Sicherungsnehmer (Käufer) sind Gläubiger (entweder Kreditgeber oder Anleihekäufer), die ihr Engagement gegen bestimmte vorher vereinbarte Kreditereignisse (Credit Event) absichern (z.B. Zahlungsunfähigkeit, Fusion des Referenzunternehmens, Zahlungsverzug in der Referenz- oder einer anderen Verbindlichkeit, Herabstufung des Ratings eines Schuldners) wollen. Als Gegenpartei (Kontrahent) tritt ein Sicherungsgeber auf, der das entsprechende Risiko gegen Zahlung einer Prämie übernimmt. Kommt es zum Sicherungsfall, so gleicht der Sicherungsgeber den Schaden, der dem Sicherungsnehmer entstanden ist, aus.

Weitere Ausgestaltungsformen

Neben dem CDS gibt es noch weitere Ausgestaltungsformen der Kreditderivate, die sich im Markt durchsetzen konnten. Dazu zählen z.B. die Credit Linked Notes (CLN). Dabei wird vom Verkäufer gleichzeitig eine Anleihe und der dazu passende CDS ausgegeben. Der Anleihe zu Grunde liegt ein eigenes Kreditengagement, das durch den CDS abgesichert wird. Für den Verkäufer liegt der Vorteil darin, dass er sofort einen Kapitalrückfluss in Höhe seiner ausgegebenen Anleihe hat. Ob sich sein eigenes Kreditengagement danach noch rechnet, kann ihm gleichgültig sein, denn er hat es bereits durch den CDS abgesichert.
Eine weitere Variante stellen die Total Return Swaps dar, bei der jedes Risiko eines Kreditengagements (also sowohl Markt- als auch Bonitätsrisiko) durch periodische Zahlungen ausgeglichen wird.

Collateralised Debt Obligations (CDO)

CDO bestehen aus einem Portfolio von Forderungen bzw. Krediten auf der einen Seite und einer Abstufung von Risikoträgern auf der anderen Seite.

Das Portfolio wird in Tranchen eingeteilt, die eine unterschiedlich hohe Ausfallwahrscheinlichkeit haben. Verluste werden nacheinander von der tiefsten Tranche (Eigenkapital), über die mittlere (Mezzanine), bis hin zur höchsten Tranche (Senior) übernommen. Entsprechend ist die vergütete Rendite genau anders herum gestaffelt; die höchste Rendite gibt es demzufolge bei der tiefsten Tranche.
CDO werden in der Regel von Spezialzweckgesellschaften (Special purpose vehicle, SPV) angeboten. Sie können noch unterschieden werden in Cash-CDOs, bei denen tatsächlich die Kredite gekauft werden, und synthetischen CDOs, bei denen lediglich CDS auf die Kredite gekauft werden.
Komplexe Produkte wie CDO zählen zu den erfolgreichsten Finanzinnovationen der letzten Jahre; sie wären ohne einen weit entwickelten Markt für Kreditderivate undenkbar. (1)

Fallbeispiele

Problemkredite bei Dresdner Bank

und Eurohypo

Die beiden Kreditinstitute Dresdner Bank und Eurohypo haben jeweils ein Portfolio an notleidenden bzw. risikobehafteten Krediten, die sie teilweise an den Markt bringen möchten. Dabei werden neben der bisher genutzten Möglichkeit der Verbriefung nun zunehmend Kreditderivate zur Portfoliodiversifizierung genutzt. (5)

Deutsche Bank emittiert Credit Linked Notes auf Mittelstandskredite

Aus einem Nominalvolumen von einer Milliarde Euro werden 30 Millionen als Credit Linked Notes emittiert. Diese Asset Backed Securities decken die unerwarteten Verluste aus dem riesigen Portfolio ab. Von der in mehrere Tranchen unterteilten Emission übernimmt die Deutsche Bank das risikoreichste selbst, der Rest wurde bereits bei institutionellen Anlegern untergebracht. Diese Transaktion hat das Ziel, das ökonomische Kapital zu entlasten. (2)

Erste synthetische Verbriefung

von Projektfinanzierungsdarlehen nach deutschem Recht
==

Die Depfa hat ein Kreditvolumen von rund 400 Milliarden Pfund verbrieft, die sie im Rahmen der Public-Private-Partnership-(PPP)-Initiative in Großbritannien zur Finanzierung öffentlicher Infrastrukturprojekte gewährt hat. Dabei handelt es sich um eine synthetische Verbriefungstransaktion, bei der die Depfa nur das Kreditrisiko in den Markt gibt. Wirtschaftlich überträgt die Depfa den Großteil des Kreditrisikos durch Abschluss eines Credit Default Swap auf die Kreditanstalt für Wiederaufbau (KfW). (10)

Weiterführende Literatur

(1) Angehrn, Urban, Anlegen mit Kreditderivaten: Das Volumen der ausstehenden Kontrakte hat sich von 1999 bis 2003 versechsfacht / Mit synthetischen CDO diversifiziert investieren Finanz und Wirtschaft, 06.11.2004, S. 13: KAPITALANLAGEN
aus Lebensmittel Zeitung 43 vom 22.10.2004 Seite 017

(2) Deutsche Bank verbrieft Milliarden-Portfolio Synthetische ABS-Transaktion bei Mittelstandskrediten - Unerwartete Verluste werden ausplatziert

aus Börsen-Zeitung, 18.12.2004, Nummer 246, Seite 3

(3) Riskantes Spiel
aus Manager Magazin, 17.12.2004, Nr. 1, Seite 84

(4) Der Boom am Derivate-Markt birgt Risiken Starke Nachfrage nach Hedge-Funds
aus Neue Zürcher Zeitung, 03.01.2005, Nr. 1, S. 51

(5) Dresdner Bank will weiteres Kreditportfolio verkaufen Auch Eurohypo steht kurz vor Deal für Risikokredite
aus Börsen-Zeitung, 06.10.2004, Nummer 193, Seite 3

(6) Kreditderivate verzerren den Bondmarkt Grosse Nachfrage nach strukturierten Produkten
aus Neue Zürcher Zeitung, 15.10.2004, Nr. 241, S. 29

(7) Kreditderivate wachsen zum "Monster" heran Die Präsenz der Hedge-Funds nimmt markant zu
aus Neue Zürcher Zeitung, 23.12.2004, Nr. 300, S. 29

(8) Langsameres Wachstum der Kreditderivate Bei Restrukturierungen sitzt eine neue Partei am Tisch
aus Neue Zürcher Zeitung, 01.11.2004, Nr. 255, S. 17

(9) Wachstumsmarkt Kreditderivate Professionelle Anleger schätzen den Kreditrisikohandel
aus Neue Zürcher Zeitung, 01.11.2004, Nr. 255, S. 22

(10) "Verbriefungen bieten große Flexibilität" Erste Transaktion mit PPP-Darlehen nach deutschem Recht

aus Börsen-Zeitung, 24.11.2004, Nummer 228, Seite 2

Impressum

Funktioniert Risikomanagement mit Kreditderivaten?

Bibliografische Information der deutschen Nationalbibliothek

Die Deutsche Nationalbibliothek verzeichnet diese Publikation in der deutschen Nationalbibliografie; detaillierte bibliografische Daten sind im Internet über http://dnb.d-nb.de abrufbar.

ISBN: 978-3-7379-0435-3

© 2015 GBI-Genios Deutsche Wirtschaftsdatenbank GmbH, Freischützstraße 96, 81927 München, www.genios.de

Alle Rechte vorbehalten. Dieses Werk ist einschließlich aller seiner Teile – z.B. Texte, Tabellen und Grafiken - urheberrechtlich geschützt. Jede Verwertung außerhalb der Grenzen des Urheberrechtsgesetzes bedarf der vorherigen Zustimmung des Verlags. Dies gilt insbesondere auch für auszugsweise Nachdrucke, fotomechanische Vervielfältigungen (Fotokopie/Mikroskopie), Übersetzungen, Auswertungen durch Datenbanken oder ähnliche Einrichtungen und die Einspeicherung und Verarbeitung in elektronischen Systemen.